新・はたらく犬とかかわる人たち ②

捜査・探査でかつやく！ 警察犬・災害救助犬・探知犬

あすなろ書房

はじめに

みなさんは、このシリーズのタイトルを見て、なにを感じましたか。「はたらく犬って、なに？」「訓練士って？」ではないでしょうか。

「盲導犬」「聴導犬」「介助犬」や「警察犬」「災害救助犬」といった言葉を聞いたことがあるでしょう。

いま、いろいろな犬たちが、さまざまな場面で、いっしょうけんめいはたらいていますよ。こうした犬たちを訓練するのが訓練士さんです。

このシリーズは、次の3巻に分けて、はたらく犬たちと、訓練士さんほか、犬にかかわる人たちについて、みなさんといっしょに見ていこうと思ってつくりました。

> ❶ 福祉でがんばる！　盲導犬・聴導犬・介助犬
> ❷ 捜査・探査でかつやく！　警察犬・災害救助犬・探知犬
> ❸ はたらく犬と訓練士・ボランティア

ところで、みなさんはこの意見についてどう思いますか。

「わたしは盲導犬をつえのかわりとしてつかっている」

きっとみなさんのなかには、「犬を道具のようにあつかうなんてひどい」と感じる人がいるのではないでしょうか。

でも、目の見えない人たちは、盲導犬に道案内をしてもらっているのではありませんよ。盲導犬、聴導犬、介助犬としてはたらく犬たちは、家族のようなものだという話をよく聞きますね。また、警察犬や災害救助犬も、それらの訓練士さんにとっては家族のようだといいます。

犬に対する人の愛情は、犬の赤ちゃん時代からはじまります。人に愛情たっぷりに育てられた犬は、りっぱな盲導犬や警察犬になっていくといいます。

さあ、このシリーズを読んで、はたらく犬たちについて、より深く理解してください。そして、犬と人との関係についても、よく考えてみてください。

子どもジャーナリスト　稲葉茂勝
Journalist for children

もくじ

犬と人の信頼関係で社会の
安心と安全を守る ……… 4

警察犬 ……… 7

警察犬のはたらくようす ……… 10

警察犬の一生 ……… 14

災害救助犬 ……… 16

災害救助犬のはたらくようす ……… 18

もっと知ろう、災害救助犬 ……… 22

麻薬探知犬 ……… 26

麻薬探知犬のはたらくようす ……… 28

いろいろなものを見つける探知犬たち ……… 30

調べてみよう！／さくいん ……… 32

犬と人の信頼関係で社会の安心と安全を守る

犬は人には聞こえない音が聞こえたり、かすかなにおいをかぎわけられたりするなど、人よりもすぐれた能力をもっています。大昔からこれらの能力をつかって、犬は人を危険から守ったり狩りを手伝ったりしてきました。

たよりになるパートナー

人よりすぐれた能力をつかって、現場や災害地、空港などではたらく犬たちがいます。警察犬や災害救助犬、麻薬探知犬など、捜査や探査でかつやくする犬たち。人間のたよりになるパートナーです。かれらは、人が安全にくらせるように毎日訓練をつんでいます。

捜査犬や探査犬に共通している性格

人に性格のちがいがあるように、犬にも性格のちがいがあります。個体ごとにも、犬種によってもちがいます。捜査・探査でかつやくする犬に共通する性格としては、おもに次のような点があげられます。

- 人といるのが好き
- 好奇心がある
- 行動力がある
- 知らない場所でもこわがらない
- 人に対して攻撃的でない
- 集中力がある

事件を解決するためにはたらく
警察犬

災害にあった人を見つける
災害救助犬

麻薬を見つける
麻薬探知犬

プラス1　人よりすぐれた能力

犬はするどい嗅覚（においをかぎわける力）でにおいを追うことができる。このため、「鼻で考える動物」ともいわれることがある。その嗅覚は、人間のおよそ6000倍。特定のにおいだと、人間の100万倍以上。また犬は、音の強弱だけでなく、音の方向も聞きわけることができ、人の400倍もの距離の音も聞きとれるといわれている（犬種によってことなる）。さらに、犬は人よりも視野が広く、真横から後ろのほうまで見ることができ（犬種によってことなる）、動くものに対して敏感だ。ただし、色を見わけることはできない。それでも、夕方や夜などは人よりもよく見えると考えられている。

クイズで考える犬のすごい能力

Q 犬は、嗅覚がするどすぎて、くさくてこまらないの？

A 犬が人間の100万倍以上強くにおいを感じるわけではありません。100万倍以上かぎわけられるということです。

Q サイレンを聞くと遠ぼえする犬がいるのは、なぜ？

A 犬がいちばんよく反応するのは、3万ヘルツ*の音です。サイレンの音は約3万ヘルツなので、犬が遠ぼえするのだと考えられています。

Q 鼻が長いほうが嗅覚はいいの？

A 嗅覚は、犬種によっても、それぞれの犬によってもちがいがありますが、鼻の長さが嗅覚に関係するとは考えられていません。ただ、においをかぐ細胞が多いほうが嗅覚はすぐれていることがわかっています。シェパードやビーグルなどのほうが、鼻の短いパグなどにくらべてにおいをかぐ細胞が多いのはたしかです。

Q たれた耳よりも立った耳のほうがよく聞こえる？

A 聴覚にはほとんど差がありません。たれた耳の犬の耳を立たせて、テープでとめて聴覚の実験をしたところ、もとのたれた耳の聴覚とほとんど差がなかったという報告もあります。ただし、立った耳のほうが、音に対する感度はすぐれているという説もあります。

Q 犬の鼻がしめっているのはなぜ？

A 犬の鼻がしめっているのは、においを感じるためです。空気中にはさまざまなにおいがただよっています。鼻がしめっているほうが、においをキャッチしやすいのです。犬がよく上を見ながらクンクンとにおいをかいでいるのは、空気中にただよっているにおいをかぎわけるため。犬の鼻は、においをキャッチするアンテナの役割をはたしています。

Q 犬は高い声の人のいうことをよくきく？

A 犬は、低い声より高い声が好きだといわれています。これには、子犬のころから、人に低い声でしかられ、高い声でほめられることが多いからだという説があります。

＊音は空気が振動することで発生する。音の「高さ」は振動数（1秒間に何回振動するか）で決まる。「ヘルツ」は振動数をあらわす単位。

犬と人の信頼関係で社会の安心と安全をまもる **5**

毎日のトレーニング

　警察犬も災害救助犬も、4ページで記したとおり、人のおよそ6000倍の嗅覚をつかって行方不明者や犯人をさがすように訓練されています。

　そうした犬たちは、毎日ひたすらトレーニングにはげんでいます。そして、事件がおきたときに出動。もちろん、犬だけで出動することはありません。ハンドラー（指導手）とともに行動します。このため、犬と人間はいつもいっしょにトレーニングしています。犬とハンドラーが信頼しあい、一体となることで、犬は力を発揮できるのです。

訓練にはげむ犬。

ハンドラー（指導手）とは

　警察犬だけにかぎらず災害救助犬や麻薬探知犬も、犬だけでは仕事ができません。かならず人がいっしょに活動します。それが「ハンドラー（指導手）」です。犬と人がベストパートナーとなって、はじめて仕事をやりとげることができるのです。

　警察犬が犯人を見つけた場合でも、逮捕するのは人です。犬が犯人を逮捕するのではありません。災害現場などで、災害救助犬が行方不明者のにおいをかぎつけて人に知らせたとしても、人が犬の反応に気づかなければ救助できません。また、麻薬探知犬が麻薬のにおいをかぎつけても、人が犬の合図を見落としたら、麻薬を見つけられません。犬は「このなかに麻薬がかくされている」「この人は麻薬をもっている」とはいってくれません。

　このように、犬はハンドラーとともに仕事をしているのです。犬と人との強いきずながあってこそ、社会に役立つ仕事ができるのです。

ハンドラーとともに出動する災害救助犬。

警察犬

事件の解決や行方不明者の捜索の手助けをする警察犬は、するどい嗅覚をつかって大かつやくする「鼻の捜査官」です。
警察犬には、直轄警察犬（直轄犬）と嘱託警察犬（嘱託犬）があります。

直轄犬と嘱託犬

　直轄犬は、各都道府県の警察本部が所有し、管理・飼育・訓練を直接おこなっている警察犬のことです。ハンドラーは警察官です。

　嘱託犬は、民間の人または訓練所が所有し、育成や訓練をしたのち、嘱託警察犬審査会で合格して警察犬としてみとめられた犬のことです。嘱託犬は、警察からの出動要請に応じて、民間のハンドラーとともに出動します。

警察犬に向いている性格

　人の命にかかわる場面ではたらく警察犬は、かしこくて、ものおぼえがよく、4ページの捜査犬や探査犬に共通している性格の犬が適しています。

　犬種としては、ジャーマン・シェパードがいちばん多いようですが、日本では、警察犬に指定されている犬種は、次ページの7犬種です。

 全都道府県の警察署に直轄犬がいるわけではない!?

　直轄犬をもっている警察署は、47都道府県のうち、警視庁（東京都）や大阪府、福岡県など25ほどしかありません。そのほかの道府県は、嘱託犬だけにたよっているのが実情です。
　直轄犬をもたない道府県では、すぐに警察犬を出動させられなかったり、危険な現場には嘱託犬を出動させるのをひかえたりしたことがあったといいます。
　最近は、もっと自由に警察犬を出動させられるように、全国的に直轄犬を導入する動きが出てきています。

写真で見る警察犬

　日本で警察犬に指定されている7犬種は、能力が高く、ハンドラーのいうことをよくきく犬たちです。また、障害物を飛びこえたり、犯人をいかくするために必要な体格や体力もそなえています。

エアデール・テリア
もともとカワウソの猟を得意とする猟犬。のんびりした動きで、人の指示をよくきく。イギリスやカナダで多くかつやくしている。

ボクサー
闘犬、猟犬としてつかわれていた犬。動きがすばしこく、ものおぼえがよく、人のいうことをよくきく。

ドーベルマン
警察犬や護身用の番犬としても能力を発揮。飼い主によくなつき、人の指示をよくきく。軍用犬としても知られている。

ジャーマン・シェパード
ドイツの山岳地方の牧羊犬を、優秀な軍用犬をつくるために改良した犬。感覚がするどく、いつでも落ち着いていて、人に忠実。

プラス1　小さくても警察犬！
　嘱託犬には、指定犬種以外の柴犬やトイプードルなどもいる。2011年、日本初のトイプードル警察犬が鳥取県で誕生。大型犬が入っていけないようなせまいところにも入って活動。かわいらしい見た目のため、警察の行事にも参加し、警察のイメージアップに貢献してきた。
　また、チワワの警察犬も奈良県で誕生。体重はなんと3.5kgと、世界最小の警察犬だ。さらに2013年、ミニチュア・ダックスフンドの警察犬が熊本県で誕生した。

ゴールデン・レトリバー

もともとは猟犬で、人がしとめた鳥などを回収するためにつかわれていた。おだやかで、人のためによくはたらく。盲導犬や介助犬、麻薬探知犬としてもかつやくしている。

ラブラドール・レトリバー

ゴールデン・レトリバーと同様、もともとは猟犬。忠実でおだやかで、気持ちが安定している。盲導犬や介助犬、麻薬探知犬としてもかつやくしている。

コリー

もともとは牧羊犬で、とてもかしこく、おだやかな性格。

プラス1 日本の警察犬の歴史

警察犬は、1896年にドイツの警察で世界ではじめて導入された。その後、ベルギーやイギリスなどでも警察犬が活用されるようになった。日本では、1912年に警察犬を導入し、イギリスからコリーとラブラドール・レトリバーを購入した。だが、太平洋戦争がはげしくなり、1945年に警察犬制度は廃止となった。戦後の1952年、一般の家庭でかわれている犬を警察犬としてつかう嘱託犬制度が開始された。その後1956年には、現在のような警察の鑑識課が飼育・訓練・管理を担当する「直轄犬制度」が発足した。

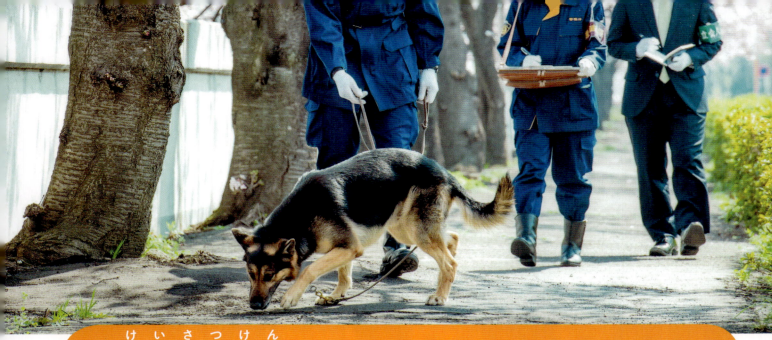

警察犬のはたらくようす

警察犬は、においをかぎわける力をつかい、
警察犬指導手（ハンドラー）とひとつになって、事件の解決を手助けします。
警察犬のはたらくようすを見てみましょう。

警察犬の仕事の基本

警察犬の仕事はおもに下の4つです。1頭がすべての仕事をするのではなく、それぞれの能力に合った仕事をおこないます。

① においを追いかける：犯人が現場にのこした物のにおいを手がかりにして、犯人を追いかける。また、行方不明の人のにおいを手がかりに捜索する（捜索活動）。
② においをかぎわける：現場にのこされたにおいと、犯人だと思われる人のにおいが同じかどうかをかぎわける（臭気選別活動）。
③ 威圧感をあたえる：警察のパトロールに同行して、威圧感をあたえることで、犯罪を未然にふせぐ（警戒活動）。
④ 逮捕を手助けする：犯人を追いつめて、犯人がにげないように、ほえたり足にかみついたりする（逮捕活動）。

ミニクイズ なぜ警察犬は道路に鼻をつけて、においを追いかけるの？

答え：地面のにおいをかぐため。
くつの底をとおして、足の汗のにおいがもれるので、犬は足あとのにおいを追える。空気中にもにおいはただようが、風の向きなどから、どこからにおってくるのかわからなくなることもある。このため、警察犬は鼻を下に向けて直接においをかいで、においのする足あとを追いかけるのだ。

臭気選別活動とは

　警察犬が、犯人がのこしたもののにおいと、犯人だとうたがわれている人（容疑者）のにおいが同じかを調べることを、「臭気選別活動」とよびます。これは、犯人を逮捕するための警察犬の重要な役割となっています。

ミニクイズQ これはなに？

写真：臭気選別の訓練用の板

この板のあなから、それぞれちがうにおいのついた5つの布を少し出しておく。警察犬に犯人のにおいのついたものをかがせ、板から同じにおいの布を取ってくるように訓練するのだ。

警察犬と犯人逮捕

　逮捕活動を担当する警察犬は、犯人を逮捕するときに、犯人がにげないように見張ったり、武器や凶器をうばいとったりします。警察犬の仕事内容のなかでも、とくに危険な仕事だといわれています。

犯人がにげようとしたら、かみついて立ち向かう訓練。

ミニクイズQ 警察には、警察犬のほかに「警備犬」とよばれる犬がいるって、ほんと？

写真：ほんとマン

警備犬も警察とともに活動する犬ですが、爆発物の捜索やテロリストに対する警備、凶悪犯の逮捕など、より危険な仕事をする犬です。現在は、警視庁と千葉県警にだけ配備されています。

警察犬のはたらくようす **11**

行方不明の人をさがす捜索活動

　警察犬は、すぐれた嗅覚をはたらかせて、行方不明になった人をさがします。警察犬の捜索活動での出動のうち、最近は認知症などで行方不明になってしまったお年よりの捜索がとくにふえています。今後も高齢化とともに、警察犬の出動がふえていくと考えられます。

　一方、山中や雪山などでの捜索活動では、警備犬が活動します。警備犬は本来、皇居や総理官邸など重要施設の警戒や、爆発物や不審者の発見が仕事ですが、災害現場などでは災害救助犬としての仕事もおこなっています。

においをたよりに行方不明になったお年よりをさがす警察犬。

災害現場で行方不明になった人をさがす警備犬。

犯罪をふせぐ警戒活動

　「警戒活動」は、重要な地位にある人（要人）を守ったり、重要な施設を見まわったりする仕事です。警察犬のもつ威圧感で、犯罪がおこる前にふせぐことができると期待されています。

　皇居内や御用邸などを警備する「皇宮警察」の警察犬は、この警戒活動をおもな仕事としています。皇居などでは、多くの人が集まる行事のときなどに、あやしい人がいないか、あやしいものをもっていないかを確認します。

要人警護のため、不審物がないかどうか調べている警備犬。

プラス1　交代しながらはたらく警察犬

　訓練された警察犬でも、集中力がつづくのは10〜20分ぐらいといわれている。実際の捜査は5〜6時間かかることもあるので、警察犬とハンドラーは複数組出動して、集中力が切れたら交代して捜査にあたるようにしているという。

警察犬の競技大会

ここでは、警察犬の能力をきそう競技会のようすを見てみましょう。警察犬の訓練の成果をきそう訓練競技会と、犬の理想的な体格をきそう審査会の2種類があります。

> **プラス1　犬種のスタンダード**
>
> 犬には、犬種ごとに見た目について細かく決められていることがある。それが、犬種のスタンダード（標準的な容姿）とされている。たとえばジャーマン・シェパードは、理想的な体高が、オス犬は62.5cm、メス犬は57.5cmがよいとされている。また、鼻や目、頭の形、肩や指など、からだの各部について細かく規定されている。

●訓練競技会

訓練競技会の代表的なものとして、「日本訓練チャンピオン決定競技会」があります。この競技会は、日本警察犬協会が主催するもので、日本でいちばん権威のある大会だといわれています。競技は、警戒の部、臭気選別の部、足跡追及の部に分かれ、3日間かけておこなわれます。日本全国から1000頭以上の訓練犬が参加して、各部門のチャンピオンをきそいます。

また、もうひとつ大きな大会に、全国の嘱託犬のなかから地域の予選を勝ちぬいてきた嘱託犬が日本一の座をきそう、「全日本嘱託警察犬競技大会」があります。競技は、足跡追及の科目と臭気選別の科目がおこなわれます。

そのほかに、アマチュア、プロ、小学生以下の部に分かれて、服従のみの科目を難易度別にきそう「全日本服従訓練競技大会」もあります。各地域では、比較的気軽に参加できる競技会もおこなわれています。

●審査会

犬の作業能力はからだつきと関係すると考えられています。そのため、体格のいい犬を守り、ふやしていくことを目的として、審査会がおこなわれています。

そのひとつの日本警察犬協会が主催する審査会では、警察犬に指定されている7犬種を、犬種、クラス（年齢）、オスとメス別にわけて、犬の体格の審査をおこなっています。審査の内容は、目の色や形、歯のかみあわせ、毛の色、歩き方、性格、全体のバランス、当日のコンディションなどです。

警察犬の一生

家庭で飼っている犬を警察犬（嘱託犬）にしたい場合、
生後4か月から6か月ごろに警察犬訓練所に入所させて、訓練を受けさせます。
警察犬の一生は、ここからはじまります。

訓練のようす

警察犬訓練所に入った犬は、約3か月のあいだ、排便のトレーニングや持来欲*・集中力を高めるトレーニングを徹底的に受けます。その後、右のような服従訓練がおこなわれます。

これらの服従訓練は、すべてのはたらく犬に共通する訓練です。警察犬の場合は、このあと、足跡追及訓練や臭気選別訓練、警戒訓練など、より高度な訓練がおこなわれます。

そして、各都道府県で年に1～2回おこなわれる嘱託犬審査会の試験に合格してはじめて、警察犬として認定されます。試験は、服従試験のほか、足跡追及試験や臭気選別試験がおこなわれます。嘱託犬の任期は1年なので、1年ごとに試験を受けて認定を得る必要があります。

- 「スワレ」の合図で、犬を正面や横にすわらせる訓練
- 「フセ」の状態で、長時間でも待てるようにする訓練
- 「ツイテ」の合図で、人の横について、歩速を合わせて歩くようにする訓練
- 「マテ」の合図で、解除の合図があるまで動かないようにする訓練
- よんだらすぐにくるようにする訓練
- その場で立ちあがり、そのまま待つことができるようにする訓練
- 合図によって走ったり、障害物を飛びこえたりできるようにする訓練

警察犬として活動できる期間は約10年。引退した嘱託犬は、飼い主に引きとられてのんびりとすごします。直轄犬の場合は、警察の施設のなかですごします。

*犬は本能的に、ものを自分の場所へもってかえりたがる。このことを「持来欲」という。

クイズで知る警察犬

Q 犯人のにおいをまちがえることはあるの？

A 警察犬がにおいをまちがえることはありません。ただし、においは時間がたつとうすくなってしまいます。また、ほかの人のにおいとまざってしまうこともあります。そんなときには、においがわからなくなってしまうこともあります。

Q 警察犬にはオスとメスとどちらが向いているの？

A 能力的にはオスとメスのどちらが警察犬に向いているとはいえませんが、メスはシーズン（生理）があることから、活動しにくい期間があります。そのため、実際には、警察犬はオスのほうが多いようです。

Q 捜査中にトイレにいきたくなったらどうするの？

A そのようなことは、警察犬はほとんどありません。警察犬は決まった時間にトイレへいくように訓練されています。また、仕事の前にはかならずトイレにいきます。

Q 警察犬は出動すると、報酬をもらえるの？

A 嘱託犬の場合、都道府県によってちがいますが、1時間の出動で3000円〜5000円の報酬があります。直轄犬の場合は報酬はありませんが、「よくやった」とほめられることが警察犬にとってはいちばんのごほうびです。

Q 警察犬には定年があるの？

A 定年はありませんが、だいたい10歳くらいで引退します。警察犬は体力が必要なので、年をとって体力がおとろえたら任務をはたすことができなくなるからです。犬の10歳は、人の60歳くらいにあたるといわれています。

警察犬の一生 15

災害救助犬

災害救助犬は、「レスキュードッグ」ともよばれ、地震や台風、土砂くずれなどで建物の下じきになったり、生きうめになったりした人をさがすために特別に訓練された犬。海や川で流されたり、山などで行方不明になったりした人をさがすこともあります。

災害救助犬の仕事

災害救助犬がかつやくするのは、災害救助、山岳救助、水難救助においてです。ハンドラー（→p6）といっしょに人をさがすのが、おもな仕事です。救助犬は空中のにおいをかいで、ハンドラーをにおいのもとへと導きます。

- **災害救助**
地震や台風などの自然災害や火災や爆発などでこわれた建物などのなかから、人をさがしだす。
- **山岳救助**
山でなだれにまきこまれたり、道にまよったりした行方不明者をさがす。
- **水難救助**
川に流された人や、海や湖などでおぼれている人を助ける。おぼれている人のもとへ、うきわなどを運んで、安全な場所まで連れていく。

災害救助犬の歴史

災害救助犬は、スイスでセントバーナードを山岳救助につかったのがはじまりといわれています。日本では、1990年よりジャパンケネルクラブが事業計画を開始。全国災害救助犬協会（富山県）が、救助犬育成を目的とする日本初の「救助犬協会」となりました。

救助犬は、1995年に発生した阪神・淡路大震災で行方不明者の捜索をおこない、注目されるようになりました。その後も多くの災害現場で災害救助犬のかつやくが見られるようになり、広く存在が知られるようになりました。

災害救助犬に向いている性格

　災害地など危険な場所ではたらく災害救助犬にも、警察犬と同じように、かしこくてものおぼえがよく、集中力があってがまん強く、行動が活発で、どんな場所でもこわがらないことがもとめられます。とくに、体力があって、さがすことに意欲があり、ゆうかんなことが、災害救助犬にとっては重要です。

　ぎゃくに高い場所や暗いところをこわがったり、あきっぽかったりする犬は、災害救助犬には向いていません。とくに犬種は決められていませんが、狩猟本能のある犬が向いています。日本の災害救助犬の多くは、ジャーマン・シェパード、ラブラドール・レトリバー、ゴールデン・レトリバー、コリーなどです。これら大型犬のほかにも、ダックスフンド、ウェルシュ・コーギーなどの小型犬や、柴犬などの日本犬や雑種が、実際に災害救助犬になっています。大型犬はスタミナがあり、高低差のある場所でも捜索活動ができます。一方、小型犬はガレキのすきまに入っていって捜索活動ができます。

プラス1　災害救助犬には公的な資格はない

　警察犬の場合、試験に合格して警察犬として認定されなければならないが、災害救助犬は、警察犬のような公的な資格はない。しかし、日本には災害救助犬の団体がいくつかあり、認定試験がおこなわれている。ただし、その内容は団体によってことなっている。おもな団体として、ジャパンケネルクラブ、全国災害救助犬協会、日本救助犬協会、日本レスキュー協会、災害救助犬ネットワーク、救助犬訓練士協会、日本捜索救助犬協会などがある。

山中での行方不明者の捜索訓練。

災害救助犬のはたらくようす

災害救助犬は、どんなに混乱している現場でも、落ち着いて人のにおいをかぎわけ、とじこめられている人をさがさなければなりません。
その活動のようすを見てみましょう。

出動

災害が発生すると、現地の警察や消防によって対策本部がつくられます。日本では、公的機関が育成・訓練した災害救助犬はほとんどいないので、民間団体が育成した災害救助犬が出動します。ふつうは、災害救助犬3頭とハンドラー3名、隊長1名が1チームとなって出動し、右のように捜索活動をおこないます。

> **ミニクイズQ** 犬の集中力がつづくのはどれぐらいの時間？
> Ⓐ20分　Ⓑ1時間　Ⓒ3時間
>
> 答え：Ⓐ
>
> 災害救助犬の集中力はあまり長くつづかないが、しばらく休憩すると、また捜索活動をおこなえる。3頭が交代で捜索すると、4時間ぐらい捜索をつづけられる。

① 3頭のうち、1～2頭が捜索をおこなう。
② のこる1頭は待機。
③ 待機中の救助犬のハンドラーは、隊長とともに捜索中の救助犬を観察。
④ 1頭が行方不明者発見の反応をしたら、同じ場所をもう1頭に確認させる。
⑤ 2頭目の反応が確実でなければ、同じ場所を3頭目に確認させる。
⑥ 2頭が同じ場所で反応したら、その場所に行方不明者がいる可能性が高いと判断する。
⑦ 消防・警察・自衛隊など救助を実際におこなう実動部隊にその位置を知らせ、人命救助活動をはじめる。
⑧ 救助犬がまったく反応しない場合は、ここには生存者はいないと判断し、次の捜索場所に移動する。

写真で見る災害救助の現場

ここでは、日本の災害救助犬がかつやくした実際の現場の写真を年代順に見てみます。日本の災害救助犬が、海外でかつやくすることもあります。

日本での活動
2011年、東日本大震災
見わたすかぎりガレキでうめつくされた場所で捜索。

日本での活動
2014年、広島豪雨災害
斜面がくずれた現場でかつやくする災害救助犬。

日本での活動
2016年、熊本地震
警察や自衛隊が土砂を取りのぞき、災害救助犬が確認をおこなう地道な活動がつづいた。

プラス1 音や人であふれる現場

　災害救助犬の仕事場は、家屋が倒壊しているような足場の悪いところ。大勢の人がやってきて、消防車や救急車のサイレンの音やヘリコプターの音なども鳴りひびいている。そんななかで、災害救助犬は集中して人のにおいをさがす。人のにおいを感じたら、ほえたり前足でひっかいたりして、ハンドラーに「ここに人がいるよ」と教える。ハンドラーは、犬の小さな変化も見落とさないよう集中する。

プラス1 死んでから8時間くらいは生きているときのにおい

　人は死んでも、8時間ぐらいは生きているときのにおいがすると考えられている。災害救助犬は、そのにおいに反応。しかし、死亡後8時間以上たつと、遺体のにおいになり、救助犬はとまどったような反応をする。ハンドラーは、救助犬のこのような反応もきちんと見わけ、生存者を一刻も早く救助できるよう、救助犬をリードしなくてはならない。

海外での活動
2009年、インドネシアのスマトラ島沖地震
日本の救助犬チームが国連救助部隊として初参加。

プラス1 もっとも有名な災害救助犬

　1800年代のはじめに、スイスのサン・ベルナール修道院でかつやくしたバリーは、世界でもっとも有名な災害救助犬。アルプスという雪深い山岳地帯で40人以上の人命を救ったことで、世界中で知られる山岳救助犬となった。また、どうくつで凍死しかけていた少年の上におおいかぶさって、自身の体温で少年を温めたあと、少年を背中に乗せてサン・ベルナール修道院まで運び、少年の命を救ったことも有名だ。

　日本では、ジャーマン・シェパードのレイラが有名。2011年3月11日の東日本大震災のときに、岩手県大船渡の海岸を1週間、ハンドラーといっしょに自衛隊にまじって捜索しつづけた。残念ながら、生存者は見つからなかった。
　まもなくレイラは、予定より早く救助犬を引退することになった。そのときの過労のせいか、余震のストレスのせいではないかといわれている。

もっと知ろう、災害救助犬

災害救助犬の候補となった犬は、「人をさがす」「見つけてほえる」という基本的な訓練をつみかさねたあと、年1回おこなわれる「救助犬認定試験」に合格して、災害救助犬としてはたらきます。

訓練のようす

●訓練所に入る前

災害救助犬の候補の犬も、ほかのはたらく犬たちと同じく、生後6か月くらいまでは子犬の飼育ボランティア(→3巻p7)や飼い主の家庭で、愛情をもって育てられます。これは、犬と人との基本的な関係づくりだといえます。犬たちは、その時期に、人間社会のいろいろなところへ連れていかれたり、トイレなどの基本的なしつけやマナーを教えられたりして、しだいに社会性を身につけていくのです。

●訓練所に入所

生後6か月をすぎると、災害救助犬の訓練所に入り、1年以上、次のような訓練を受けます。
・人の命令をきく訓練
・足場の悪い障害物を通過する訓練
・人をさがす訓練

●救助犬認定試験

次のような救助犬認定試験を受け、合格すると、災害救助犬になれます。

・服従試験
はたらく犬としての基本ができているか？
救助犬に向いているか？

・捜索試験
広い野山から行方不明の人をさがせるか？
ガレキの下から人をさがせるか？

●合格

試験に合格した犬は、災害救助犬として活動。災害救助犬に認定された犬のはたらきざかりは、3歳～8歳ぐらいまで。この間、18～21ページで見たような危険できびしい現場に、ハンドラーとともに出動してかつやくする。

クイズで考える災害救助犬

Q 出動要請は、どこからくるの？

A 日本では、警視庁に救助犬の訓練を受けた警備犬（→p12）がわずかにいますが、消防や警察、自衛隊など公的機関に所属している災害救助犬はほとんどいません。各地の民間団体が育成した災害救助犬が、自主的に出動することが多いのです。行政や警察などからの要請を受けて出動することもあります。

Q 救助犬になれるのは、100頭のうち何頭ぐらい？

A 無差別に犬を選んだ場合、100頭中、8頭ぐらいの犬が救助犬に向いています。この8頭を訓練して、実際に救助犬になれるのは、4頭ぐらいです。人なつっこく、おだやかな犬で、嗅覚と体力と勇気と集中力がある犬に育てるのは、とてもむずかしいのですね。

Q 災害救助犬が捜索活動にいくと、報酬が出るの？

A 災害救助活動はとても重労働で、からだも心もつかれる活動ですが、ほとんどがボランティア活動なので、お金はもらいません。実際には、災害救助犬の育成は募金で成り立っていて、出動するとそこから経費が出ます。また、大手企業とスポンサー契約をむすぶなどして、資金援助を受けている団体もあります。

Q 訓練には、犬の好きな食べ物をつかうの？

A 訓練には食べ物をつかいません。なぜなら、[人間]＝[おいしい食べ物]と救助犬が思ってしまうからです。災害現場では、たくさんの食べ物がちらばっていることがあります。食べ物で訓練すると、人のにおいに集中できず、食べ物に反応してしまいます。そこで、人のにおいをさがすことが大好きになるように、人を発見したらたっぷりとほめるようにしています。

Q 風がふいていると、においがわからなくなるのでは？

A いいえ、風下であれば、においをかぎわけやすくなります。においは、風のない広い場所では10mぐらいまでしかとどきません。風のあるときは、風下なら数百m先のにおいもかぎわけられます。また、雪上では深さ2〜3mくらいまでかぎわけられます。

Q 危険な場所でも、犬はくつをはかなくてだいじょうぶなの？

A 犬は足のうらでたくさんの情報を集めています。くつをはいてしまうと、その情報をさえぎってしまうので、ぎゃくに危険なこともあります。また、ぬれた木やガレキの上では、くつをはいているほうが、すべってしまうからです。ただ、われたガラスがちらばっていたり、薬品がこぼれていたり、熱い火山灰がつもっているような場所では、くつをはくこともあります。

もっと知ろう、災害救助犬 **23**

プラス1 捜索は風下から風上へ

災害救助の現場で救助犬による捜索をはじめるとき、注意しなければならないことがあるという。救助犬は風に乗って流れてくるにおいをかぎわけて、被災者を見つける。そのとき、救助隊の人たちが風上にいると、そのにおいが救助犬の嗅覚のじゃまをしてしまうことがある。そのため、救助犬の捜索がはじまったら、人は風下に退避しなければならない。

警察犬と救助犬とのちがい

警察犬も災害救助犬も、人のにおいをかぎわけて人をさがすのが仕事です。でも、警察犬と災害救助犬には大きなちがいがあります。それは、すぐれた嗅覚でかぎわける対象です。

- **警察犬**
  特定の人（容疑者など）のにおいをかぎわける。
- **災害救助犬**
  不特定な人（救助を待つ人）のにおいをかぎわける。

さらに、もう少しくわしく、警察犬と災害救助犬のちがいをまとめてみましょう。

災害現場に出動したハンドラーと災害救助犬。

	警察犬	災害救助犬
におい	決まったにおい。犯人など特定の人のにおいを追う。	人に共通のにおい。息を中心に、からだからはがれおちたたんぱく質や体臭でさがす。
においのもと	もちものなどのにおいのもとが必要。	特定のにおいのもとはいらない。
鼻のつかい方	下向き。警察犬は特定のにおい（犯人のにおい）を追って歩くため、鼻を下に向けて捜索する。	はじめは上向き。空気中にただよっているにおいをかぐため、鼻を上向きにつかって捜索する。人のいる場所にたどりついたら、下向きで捜索する。
人を見つけたら	いかくする。犯人のにおいがする人を見つけたら、ほえたりしていかくする。	ほえる。人のにおいをかぎわけたら、ほえて、ハンドラーに教える。

災害救助犬の力を発揮させるためには

　救助犬とハンドラーは、一体となって被災者の捜索活動をしなければなりません。犬が人を見つけて反応しているのに、ハンドラーがそれに気がつかなければ、人を救助することはできないからです。そのため、救助犬の認定は、犬とハンドラーの両方が合格してはじめてもらえるのです。

　ハンドラーは、災害救助の現場だけでなく、救助犬がもっとも仕事がしやすいように、日ごろから体調を管理しています。犬をベストに近い状態で捜索させ、限界がきたら、犬を休ませるのもハンドラーの仕事です。

　ハンドラーにとって必要なことは、犬を指導する力、犬の反応を読む力、精神力、集中力、協調性、判断力、体力です。さらには、犬に関するさまざまな知識や救急救命の知識が必要なのです。

災害救助犬とハンドラー

　災害救助活動はチームプレーが重要です。よりよい捜索活動をするためにはなにが必要か、どう行動しなくてはならないかを、現場にいるハンドラーや救助隊のみんなが考えて、協力して活動します。

 ほとんどのハンドラーがボランティア
　災害救助犬のハンドラーは、その多くがボランティアで活動しています。ほかに仕事をもち、訓練は週末や平日の夜などにおこなっています。それでも、ハンドラーの救助隊員としての意識は非常に高く、プロとしての自覚をもって捜索活動しているといいます。

訓練にはげむハンドラーと災害救助犬。

麻薬探知犬

「麻薬探知犬」は、麻薬のにおいをかぎつけるように訓練された犬のこと。
麻薬類が国内に入ってこないように、空港や港、国際郵便局などで活動しています。
現在、日本全国の税関に配置されている麻薬探知犬は、120頭以上！

麻薬探知犬の歴史

世界ではじめての麻薬探知犬は、1911年にオランダで登場しました。日本では、1979年にはじめて、アメリカからやってきた1頭が成田国際空港に配置されました。

1981年に、日本で訓練したはじめての麻薬探知犬が誕生。1987年には、東京税関に麻薬探知犬訓練センターが開設されました。

現在では全国の主要な空港や港、郵便局などにまで、かつやくの場が広がっています。

麻薬探知犬の仕事

麻薬探知犬も、警察犬や災害救助犬と同じように、するどい嗅覚をつかって麻薬のにおいをかぎつけ、それをハンドラーに知らせるのが仕事です。

麻薬探知犬が麻薬のにおいをかぎつけても、ハンドラーがそれに気がつかなければ、麻薬を見つけることはできません。麻薬探知犬のハンドラーも、災害救助犬のハンドラーと同じように、観察力と集中力が必要。麻薬探知犬の反応はいつも同じではありません。麻薬探知犬のほんの少しの反応も見のがさないように、ハンドラーは気を張りつめて仕事をしています。また、ハンドラーは、麻薬探知犬の集中力がとぎれないようにも気をつけています。

麻薬探知犬に向いている性格

　麻薬探知犬に向いている犬は行動が活発で、生き生きとしているといわれています。
　性格としては、とくに動くものに対して興味をしめすことがあげられます。ものを投げると、くわえてもってきますが、もちかえったものに対する独占欲が強いのもとくちょうです。

　なお、日本で麻薬探知犬としてつかわれている犬種は、おもにジャーマン・シェパード、ラブラドール・レトリバーの２種類です。ラブラドール・レトリバーは、外見が親しみやすいので、空港で動きまわっていても、人にこわがられることがありません。

写真で見る麻薬探知犬の一日

❶成田国際空港近くの麻薬探知犬訓練センターで目ざめる

❷散歩とトイレ、ブラッシング

❸訓練

❹専用の車で成田国際空港へ出動

❺麻薬探知の仕事中

❻食事

一日１回、夕方に食事をする（夕方に仕事が入っているときには、仕事の前後で、半分ずつ食べる）。

麻薬探知犬のはたらくようす

麻薬探知犬には、「アグレッシブドッグ（活動的な犬）」と「パッシブドッグ（おとなしい犬）」の2種類がいます。どういうことでしょうか。

2種類の麻薬探知犬の役割

　アグレッシブドッグは、空港や港の、輸出入貨物やあずけられた荷物があるところで仕事をします。荷物の置いてある場所をかぎまわって、麻薬がないかさがします。麻薬のにおいがしたら、荷物を前足でひっかき、ハンドラーに知らせます。
　一方のパッシブドッグは、おもに空港などで旅行客などのあいだを歩きまわり、荷物や服などにかくされた麻薬をさがします。麻薬のにおいをかぎつけたら、その場にすわりこんでハンドラーに知らせます。麻薬のにおいをかぎつけても、人をきずつけることはありません。
　以前はパッシブドッグはいませんでしたが、荷物のなかに爆発物があることが心配されるようになり、麻薬のにおいをかぎつけても、おとなしくその場所で待機する訓練をするようになったのです。それがパッシブドッグのはじまりです。

写真で見るかつどうのようす

●空港で

パッシブドッグが、税関の検査場にならぶ人のまわりをかぎまわっているところ。

●貨物置き場で

アグレッシブドッグが、外国からきた荷物を一時的に置いてある保税倉庫の荷物を調べているところ。

●国際郵便局で

アグレッシブドッグが、外国からとどいた（外国へ送る）荷物や郵便物を調べているところ。

●東京港で

アグレッシブドッグが、船で外国から入ってきた貨物に麻薬がかくされていないか調べているところ。

プラス1 麻薬はいろいろな場所にかくされている

麻薬をもちこもうとする人は、さまざまな方法で麻薬をかくす。たとえば、ぬいぐるみのなかや、強いにおいのするものといっしょにかくすのだ。人の目だけでは見つけだすのがむずかしいので、犬にさがさせる。嗅覚のするどい犬は、荷物や服などにかくされた、かすかな麻薬のにおいをかぎとり、見つけだすことができる。

麻薬探知犬の訓練の基本

空港で見かける麻薬探知犬はいつも楽しそうだといわれています。しっぽをふりまわして荷物をかぎまわっては、ハンドラーを見つめたりしています。それは、下にしめすように遊び感覚で訓練しているからです。

また、一人前の麻薬探知犬になるには、約4か月間きびしい訓練を受けて、認定試験に合格しなければなりません。麻薬探知犬の訓練の基本は、警察犬や災害救助犬と同じですが、その具体的な訓練は次のようにおこなわれます。

❶ダミーを見つける訓練

タオルをまいてつくったダミーを放りなげて、犬に取ってこさせる。犬がダミーをくわえてきたら、ハンドラーは犬とダミーを引っぱりっこして遊ぶ。これをくりかえすと、犬は「ダミーを見つけると遊んでもらえる」と思うようになる。

❷麻薬のにおいをさがすための訓練

ダミーに麻薬入りのふくろをむすびつけ、地面にうめたり、車のなかにかくしたりして、それを見つける訓練をくりかえす。こうすることで、麻薬のにおいがするところにダミーがあることをおぼえ、「このにおい（麻薬）を見つけると遊べる」と思うようになる。

麻薬探知犬の一生

試験に合格した犬は、2週間の試し期間を終えて、麻薬探知犬として活動します。

麻薬探知犬の任期は平均7年前後です。麻薬探知犬を引退したあとは、パートナーとして過ごしてきたハンドラーとくらすことが多いようですが、ボランティアが引きとることもあります。

いろいろなものを見つける探知犬たち

ものをさがす「探知犬」には、麻薬探知犬のほかに、食べ物などいろいろなものを探知するように訓練された犬がいます。爆発物や地雷も。なかには、人の病気を探知するような犬もいます。

検疫探知犬

検疫探知犬は、海外から到着する旅客の荷物のなかから、動植物検疫の検査を必要とする肉製品、くだものなどをかぎわけて発見する仕事をしています。これらは、鳥インフルエンザなどの家畜の伝染病を日本にもちこむおそれがあるからです。2018年8月現在、成田国際空港や関西国際空港、羽田空港、福岡空港、中部国際空港、新千歳空港、那覇空港、川崎東郵便局で、合計29頭の動植物検疫探知犬が活動しています。

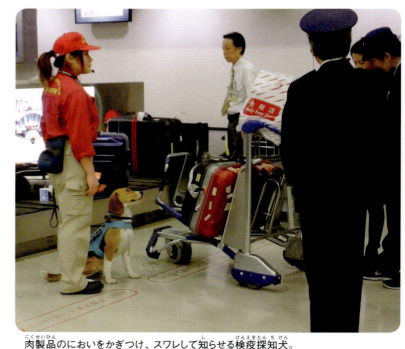

肉製品のにおいをかぎつけ、スワレして知らせる検疫探知犬。

探知の対象はさまざま

●シロアリやヒアリ

シロアリが出すかすかなにおいをかぎつける犬がいる。最近日本に上陸したことがわかった強い毒をもつ南アメリカ原産のヒアリを探知するように訓練された犬も登場した。

ヒアリ

●動植物

貴重な食用きのことして知られる、トリュフやアワビのにおいをかぎわける犬がいる。ただし、アワビは、犬が海中にもぐってさがすのではなく、密漁者がアワビを運ぶのを見つけるのが仕事。

白トリュフ（上）と黒トリュフ（下）。

●ガソリンや灯油

火事の現場などで、ガソリンや灯油のにおいをかぎわける「放火探知犬」とよばれる犬が、アメリカに数頭いる。日本にはまだ導入されていない。

●爆発物

爆弾などをさがすための訓練を受けた犬は、「爆発物探知犬」とよばれる。近年、自爆テロ対策のために訓練を受けた特殊な爆発物探知犬も登場。

●人骨

人骨のにおいをかぎわけ、考古学者を手助けする犬がいる。これは、オーストラリアで「肉片がついていない人骨」をかぎあてるように訓練された犬で、広大な敷地で600年ほど前の人骨をさがしあて、世界初の「考古学犬」とよばれた。

●地雷

地雷（対人地雷）をさがすための特別な訓練を受けた犬は、「地雷探知犬」とよばれる。大地にうまった地雷をかぎわけ、地雷の除去作業を助ける。

●人の血糖値

糖尿病患者の血糖値の小さな変化をかぎわけるように訓練された犬がいる。「低血糖アラート犬」などとよばれる。

●がん

がん患者がはいた息のにおいや、がん細胞が発するにおいからがんの早期発見をめざす、「がん探知犬」とよばれる犬がいる。

調べてみよう！

この本にご協力いただいた関係団体や関連のホームページです。
もっとくわしく知りたいときは、ホームページで調べてみましょう。

公益社団法人 日本警察犬協会	http://www.policedog.or.jp/shinsa/shinsa.htm
大井警察犬訓練所	https://www.ohidogschool.com/
特定非営利活動法人 日本救助犬協会	http://www.kinet.or.jp/kyujoken/index.php
特定非営利活動法人 救助犬訓練士協会（RDTA）	http://www.rdta.or.jp
税関	http://www.customs.go.jp/mizugiwa/maken/maken.htm
動物検疫所	http://www.maff.go.jp/aqs/job/detectordog.html

さくいん

あ

アグレッシブドッグ…………… 28, 29

エアデール・テリア……………………… 8

か

がん探知犬…………………………… 31

嗅覚………… 4, 5, 6, 7, 12, 23, 24, 29

熊本地震…………………………… 20

軍用犬………………………………… 8

訓練競技会………………………… 13

警戒……………………… 10, 12, 13

警察犬………… 4, 6, 7, 8, 9, 10,
　　　　　11, 12, 13, 14, 15, 17, 24

警視庁……………………………… 7, 11

警備犬………………………… 11, 12, 23

検疫探知犬………………………… 30

犬種………………… 4, 5, 7, 13, 17

ゴールデン・レトリバー………… 9, 17

皇宮警察…………………………… 12

考古学犬…………………………… 31

国際郵便局…………………… 26, 29

国連救助部隊……………………… 21

コリー………………………………… 9, 17

さ

災害救助犬… 4, 6, 12, 16, 17, 18, 19,
　　　　　20, 21, 22, 23, 24, 25

山岳救助…………………………… 16

ジャーマン・シェパード
　　　　　 7, 8, 13, 17, 21, 27

臭気選別…………… 10, 11, 13, 14

嘱託警察犬審査会………………… 7

嘱託犬………… 7, 8, 13, 14, 15

嘱託犬制度………………………… 9

地雷探知犬………………………… 31

持来欲……………………………… 14

審査会……………………………… 13

水難救助…………………………… 16

スマトラ島沖地震………………… 21

税関……………………………… 26, 28

捜索活動………… 10, 12, 17, 18, 23, 25

足跡追及……………………… 13, 14

た

逮捕活動……………………… 10, 11

直轄犬………………… 7, 14, 15

直轄犬制度………………………… 9

チワワ………………………………… 8

低血糖アラート犬………………… 31

ドーベルマン……………………… 8

トイプードル……………………… 8

な

成田国際空港…………… 26, 27, 30

日本警察犬協会…………………… 13

は

爆発物探知犬……………………… 31

パッシブドッグ…………………… 28

阪神・淡路大震災………………… 16

ハンドラー… 6, 7, 8, 10, 12, 16, 18,
　　　　　20, 21, 22, 24, 25, 26, 28, 29

東日本大震災………………… 19, 21

広島豪雨災害……………………… 19

服従訓練…………………………… 14

放火探知犬………………………… 31

ボクサー…………………………… 8

牧羊犬……………………………… 8, 9

ま

麻薬探知犬………………… 4, 6, 9,
　　　　　26, 27, 28, 29, 30

麻薬探知犬訓練センター……… 26, 27

ミニチュワ・ダックスフンド………… 8

や

行方不明………… 6, 10, 12, 16, 18, 22

要人警護…………………………… 12

ら

ラブラドール・レトリバー… 9, 17, 27

猟犬……………………………… 8, 9

認定試験……………… 17, 22, 29

■編
こどもくらぶ（石原尚子）

■構成・文
子どもジャーナリスト 稲葉茂勝

■取材・写真協力
日本警察犬協会
大井警察犬訓練所
栃木県警察犬訓練所
特定非営利活動法人 日本救助犬協会
特定非営利活動法人 救助犬訓練士協会（RDTA）
村瀬ドッグトレーニングセンター
ジャパンケネルクラブ
東京税関
警視庁
皇宮警察本部
環境省
PIXTA
Fotolia

■イラスト
荒賀賢二

この本のデータは、2018年9月までに調べたものです。

●装丁・デザイン
長江知子

●取材
多川享子

●編集協力
清水くみこ（クウヤ）

●制作
（株）エヌ・アンド・エス企画

●表紙メイン写真
共同通信社／ユニフォトプレス

新・はたらく犬とかかわる人たち②　捜査・探査でかつやく！　警察犬・災害救助犬・探知犬　NDC369

2018年11月30日　　初版発行
2023年10月30日　　4刷発行

編　　　こどもくらぶ
発 行 者　山浦真一
発 行 所　株式会社あすなろ書房　〒162-0041　東京都新宿区早稲田鶴巻町551-4
　　　　　電話　03-3203-3350（代表）
印刷・製本　瞬報社写真印刷株式会社

©2018　Kodomo Kurabu
Printed in Japan

32p／31cm
ISBN978-4-7515-2907-2